Un livre de la collection
Les racines de Crabtree

LES POLICIERS

DOUGLAS BENDER

Les gens que je rencontre

CRABTREE
Publishing Company
www.crabtreebooks.com

Soutien de l'école à la maison pour les parents, les gardiens et les enseignants

Ce livre aide les enfants à se développer grâce à la pratique de la lecture. Voici quelques exemples de questions pour aider le lecteur ou la lectrice à développer ses capacités de compréhension. Les suggestions de réponses sont indiquées en rouge.

Avant la lecture

- De quoi ce livre parle-t-il?
    - *Ce livre parle des policiers.*
    - *Ce livre explique à quoi ressemble un policier.*

- Qu'est-ce que je veux apprendre sur ce sujet?
    - *Je veux savoir où travaille un policier.*
    - *Je veux savoir ce que fait un policier.*

Pendant la lecture

- Je me demande pourquoi...
    - *Je me demande pourquoi certaines personnes deviennent des policiers.*
    - *Je me demande pourquoi les policiers utilisent des radios.*

- Qu'est-ce que j'ai appris jusqu'à présent?
    - *J'ai appris que les policiers assurent la sécurité des gens.*
    - *J'ai appris que certains policiers conduisent une motocyclette.*

Après la lecture

- Nomme quelques détails que tu as retenus.
    - *J'ai appris que les policiers travaillent dans les postes de police.*
    - *J'ai appris que les policiers peuvent conduire différents types de véhicules.*

- Lis le livre à nouveau et cherche les mots de vocabulaire.
    - *Je vois le mot* ***poste*** *à la page 6 et le mot* ***motocyclette*** *à la page 10. Les autres mots de vocabulaire se trouvent à la page 14.*

Voici un **policier**.

La policière aide les gens.

OLICE
MINNEAPOLIS
POLICE
A. SANCHEZ

Ce policier est au **poste** de police.

Ce policier utilise une **radio**.

Certains policiers conduisent une **motocyclette**.

POLICE
POLICE

Connais-tu un policier ou une policière?

A. WITHERSPOON
OCEANSIDE POLICE

Liste de mots

Mots courants

ce
gens
un
certains
tu
une
est

La boîte à mots

motocyclette

policier

poste

radio

31 mots

Voici un **policier**.

La policière aide les gens.

Ce policier est au **poste de police**.

Ce policier utilise une **radio**.

Certains policiers conduisent une **motocyclette**.

Connais-tu un policier ou une policière?

CRABTREE Publishing Company

Les gens que je rencontre

LES POLICIERS

Auteur : Douglas Bender
Conception : Rhea Wallace
Développement de la série : James Earley
Correctrice : Janine Deschenes
Conseils pédagogiques : Marie Lemke M.Ed.
Traduction : Annie Evearts
Coordinatrice à l'impression : Katherine Berti
Références photographiques : Shutterstock : VAKS : couverture; John Roman Images : p. 1; Kraken Images : p. 3, 14; Nic Neufeld : p. 5; Photographee.eu : p. 7, 14; LightField Studio : p. 9, 14; CL Shelby : p. 10-11, 14; Simon Hogan : p. 13

La forme masculine est utlilisée dans cet ouvrage uniquement dans le but d'en alléger la forme et d'en faciliter la lecture.

Crabtree Publishing Company
www.crabtreebooks.com 1-800-387-7650

Publié aux États-Unis
Crabtree Publishing
347 Fifth Avenue
Suite 1402-145
New York, NY, 10016

Publié au Canada
Crabtree Publishing
616 Welland Ave.
St. Catharines, Ontario
L2M 5V6

Imprimé au Canada/102021/CPC

Catalogage avant publication de Bibliothèque et Archives Canada

Titre: Les policiers / Douglas Bender ; texte français d'Annie Evearts.
Autres titres: Police officer. Français.
Noms: Bender, Douglas, auteur.
Description: Mention de collection: Les gens que je rencontre | Les racines de Crabtree | Traduction de : Police officer. | Comprend un index.
Identifiants: Canadiana (livre imprimé) 20210271957 | Canadiana (livre numérique) 20210271981 | ISBN 9781039606456 (couverture souple) | ISBN 9781039606517 (HTML) | ISBN 9781039606579 (EPUB) | ISBN 9781039606630 (livre numérique avec narration)
Vedettes-matière: RVM: Policiers—Ouvrages pour la jeunesse. | RVMGF: Documents pour la jeunesse.
Classification: LCC HV7922 .B4614 2022 | CDD j363.2—dc23